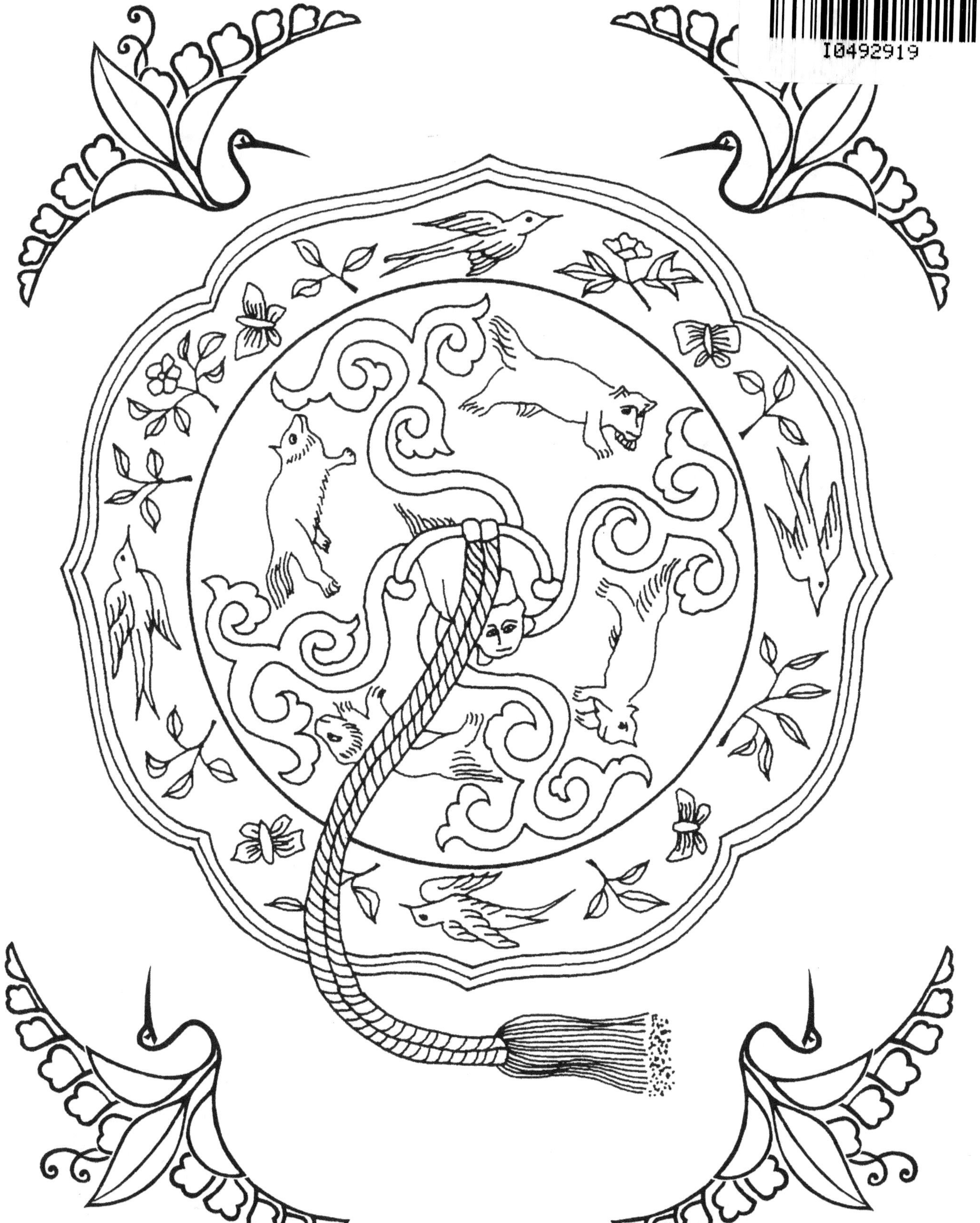

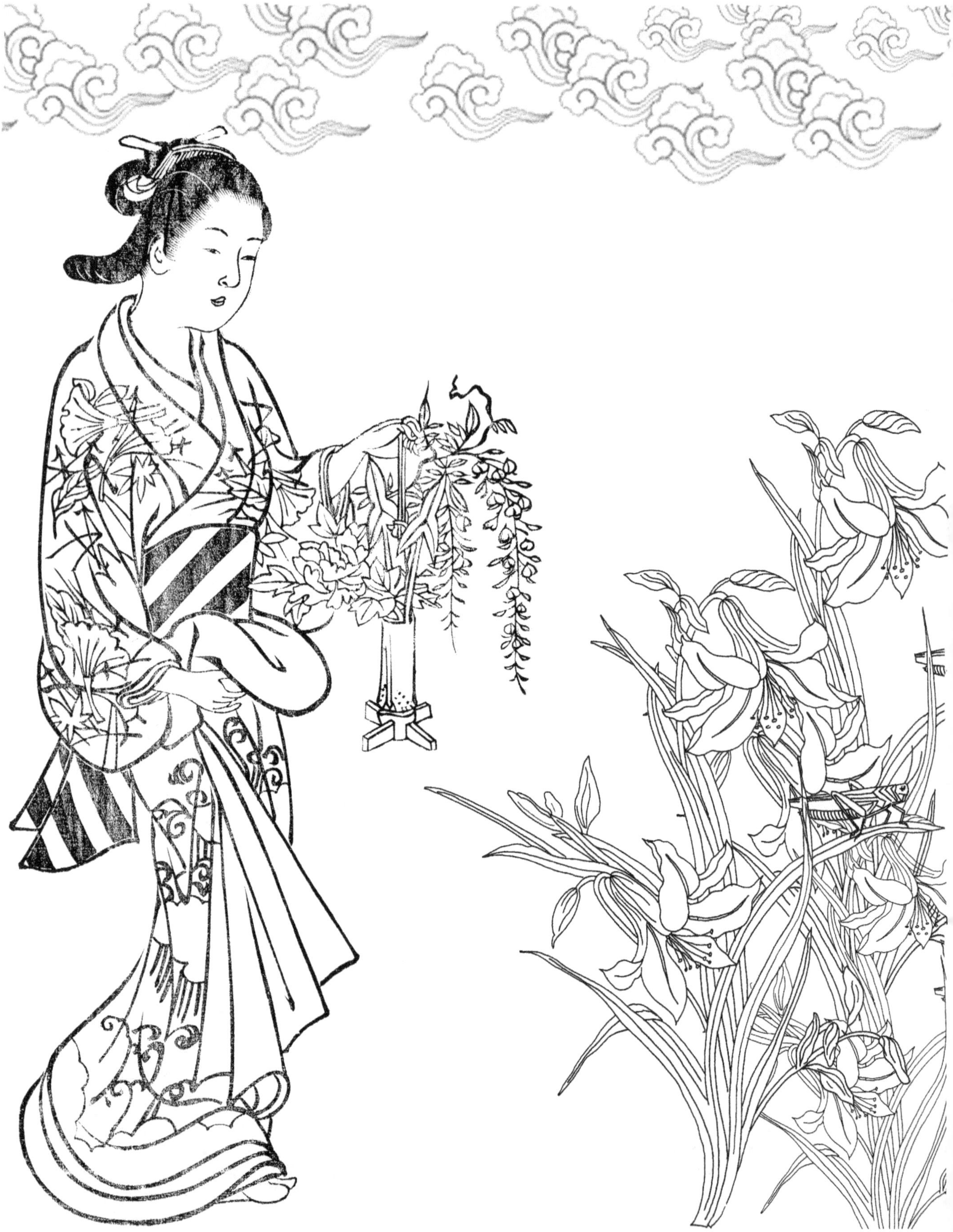

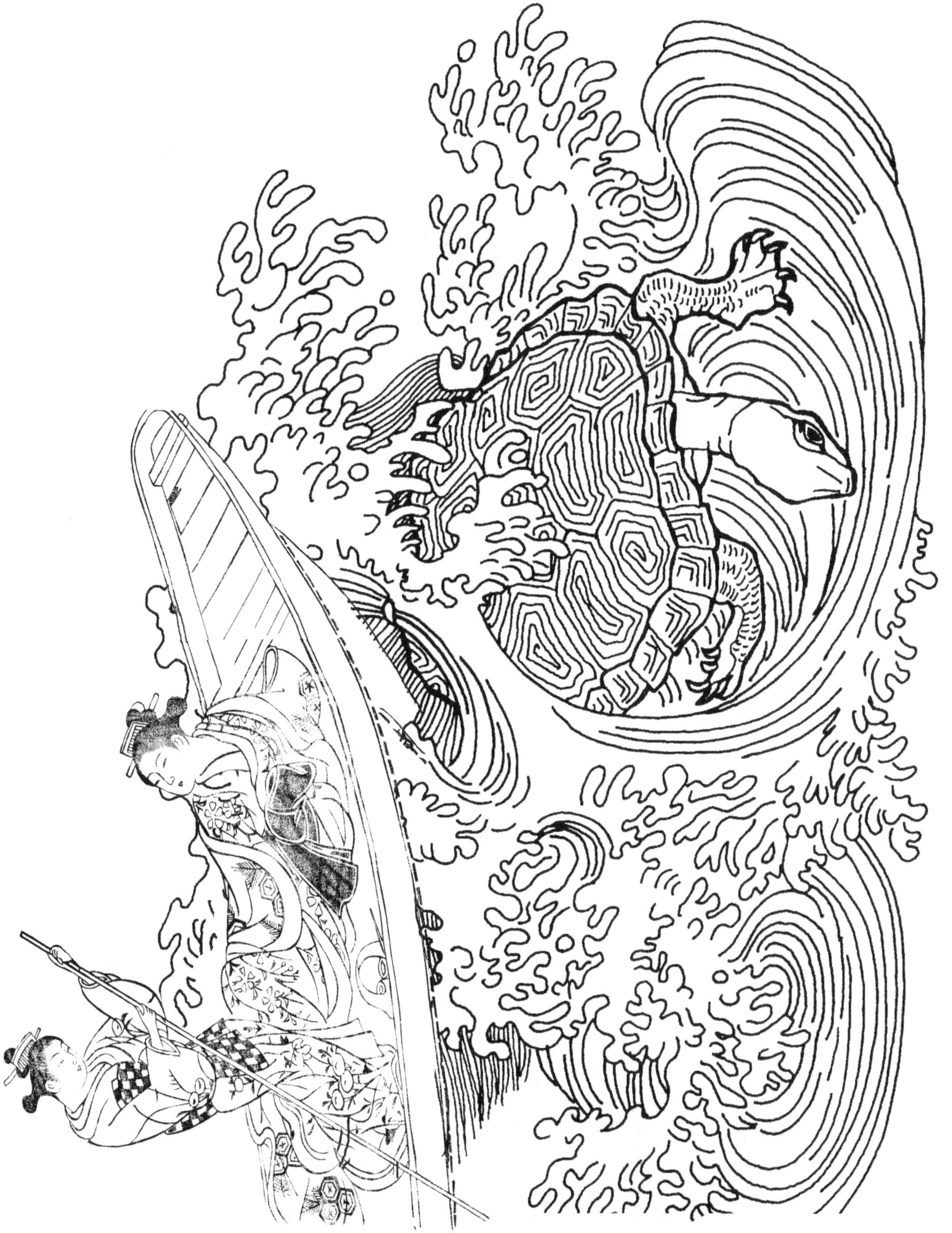

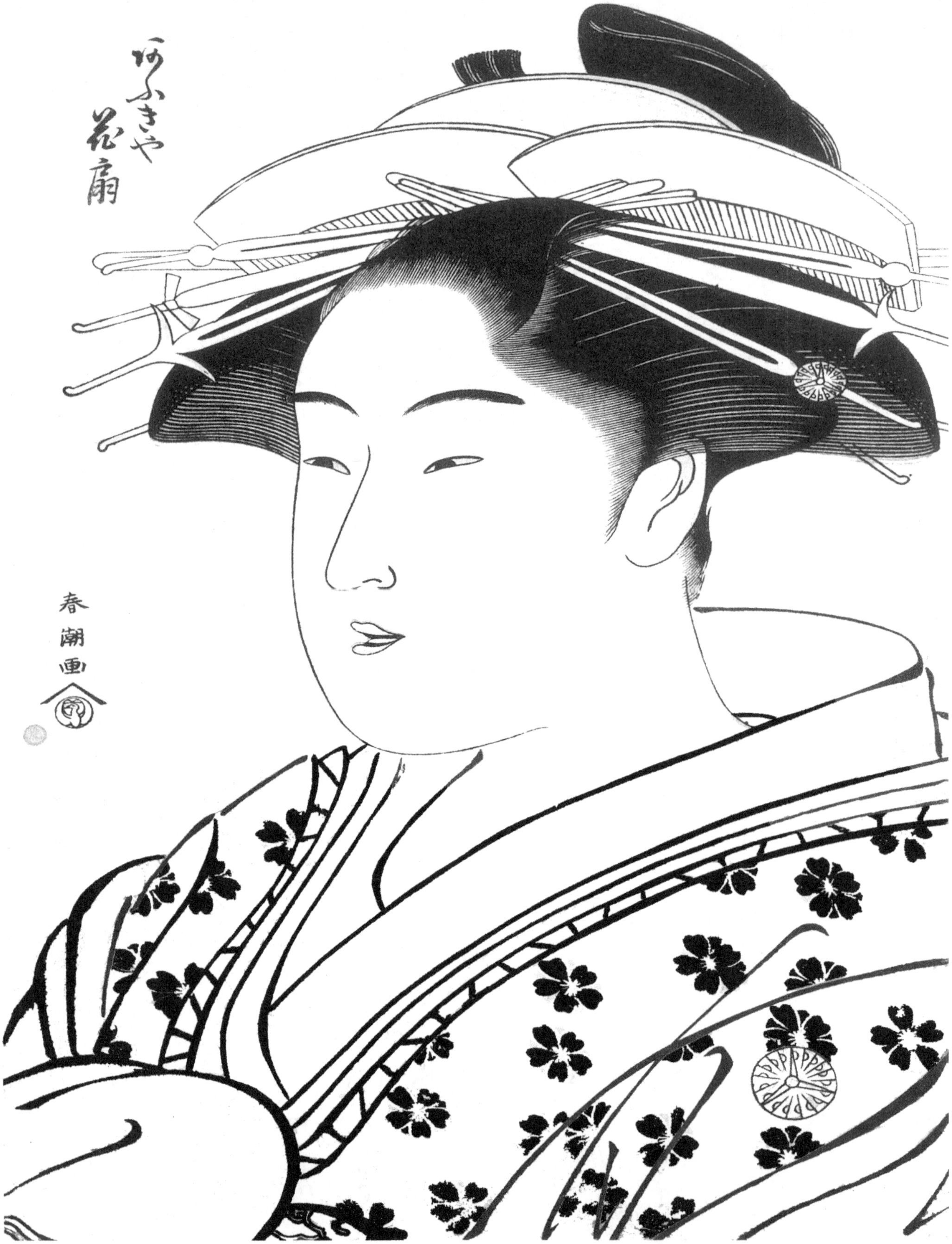
あふきや
花扇
春潮画

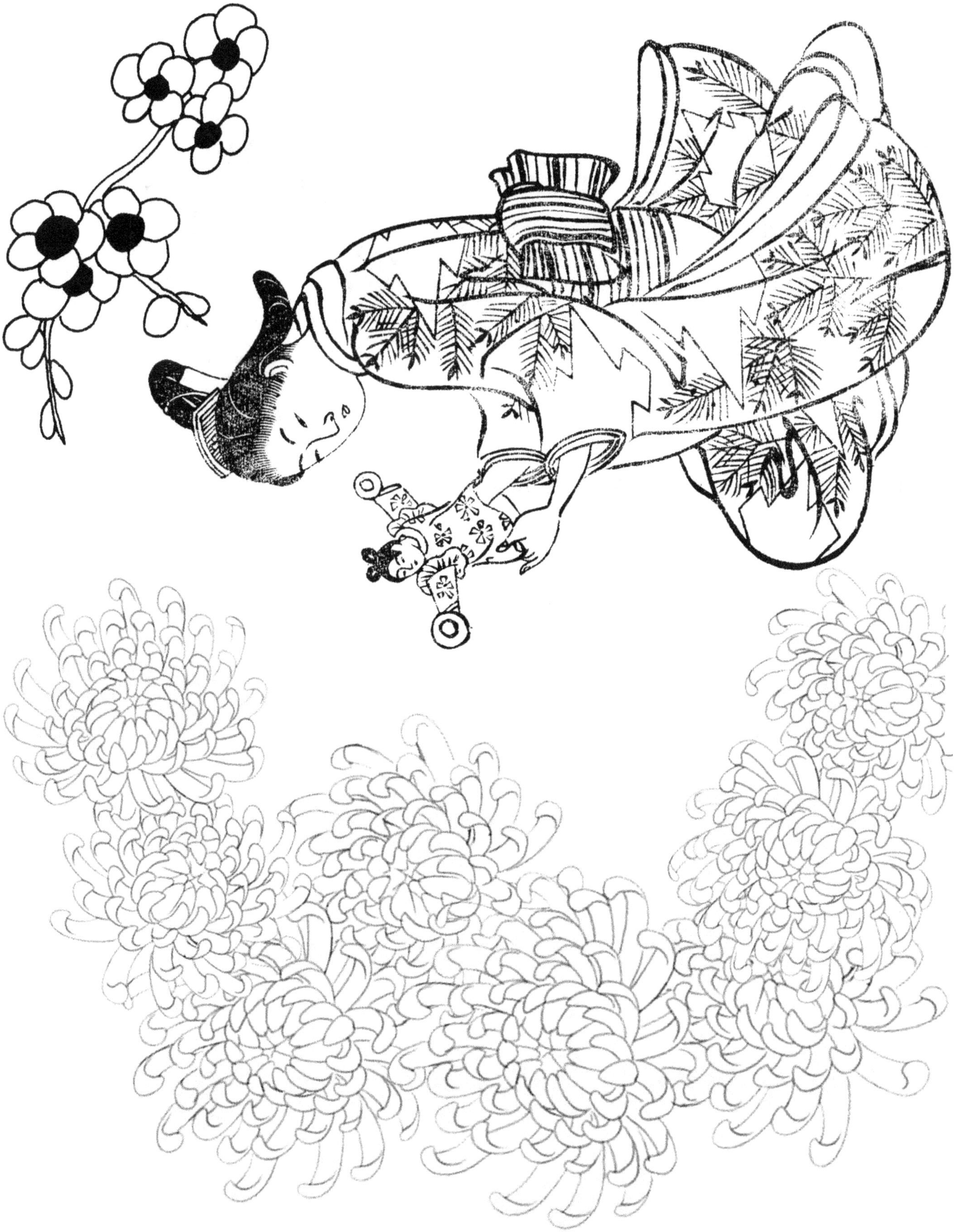

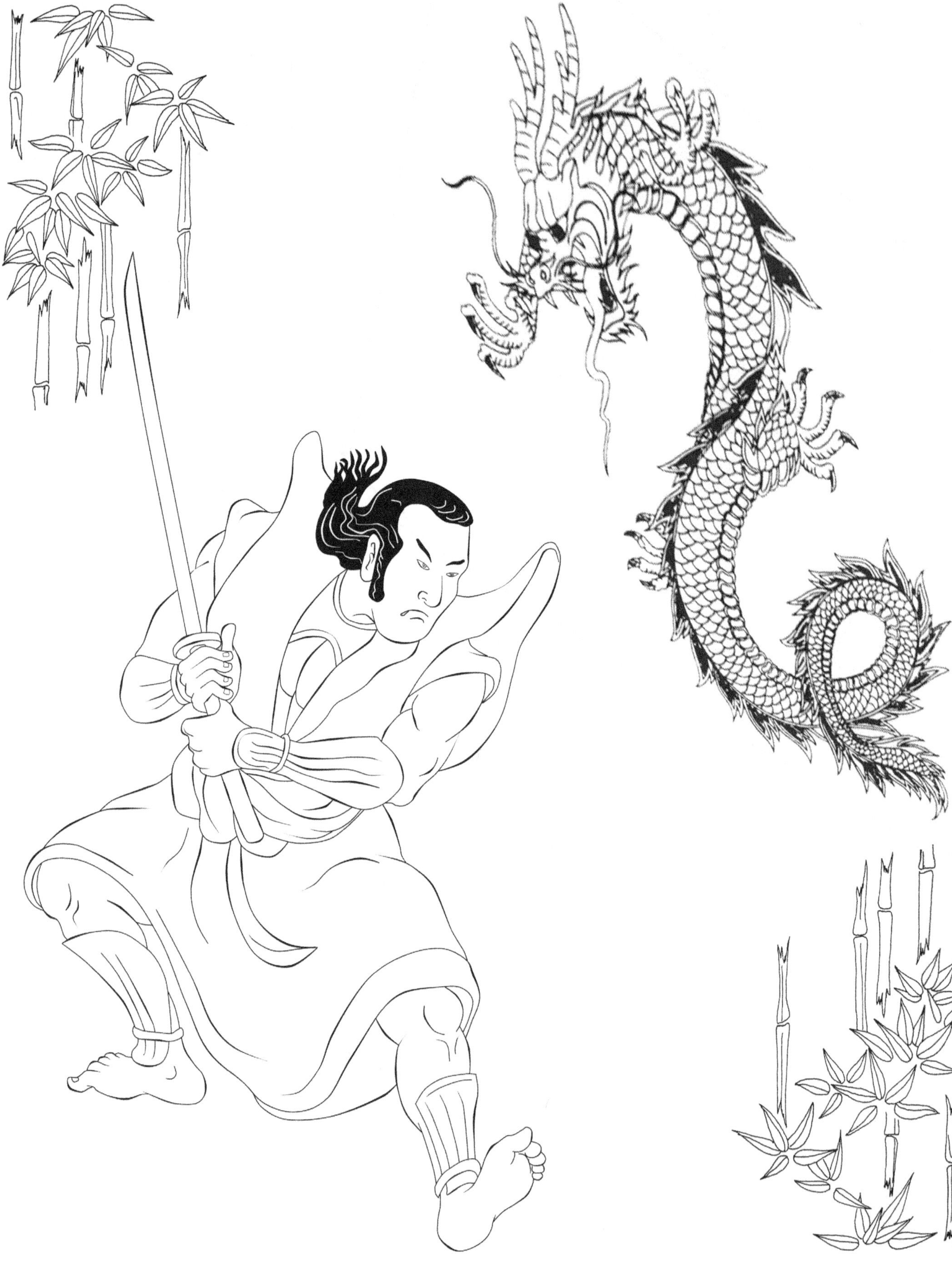

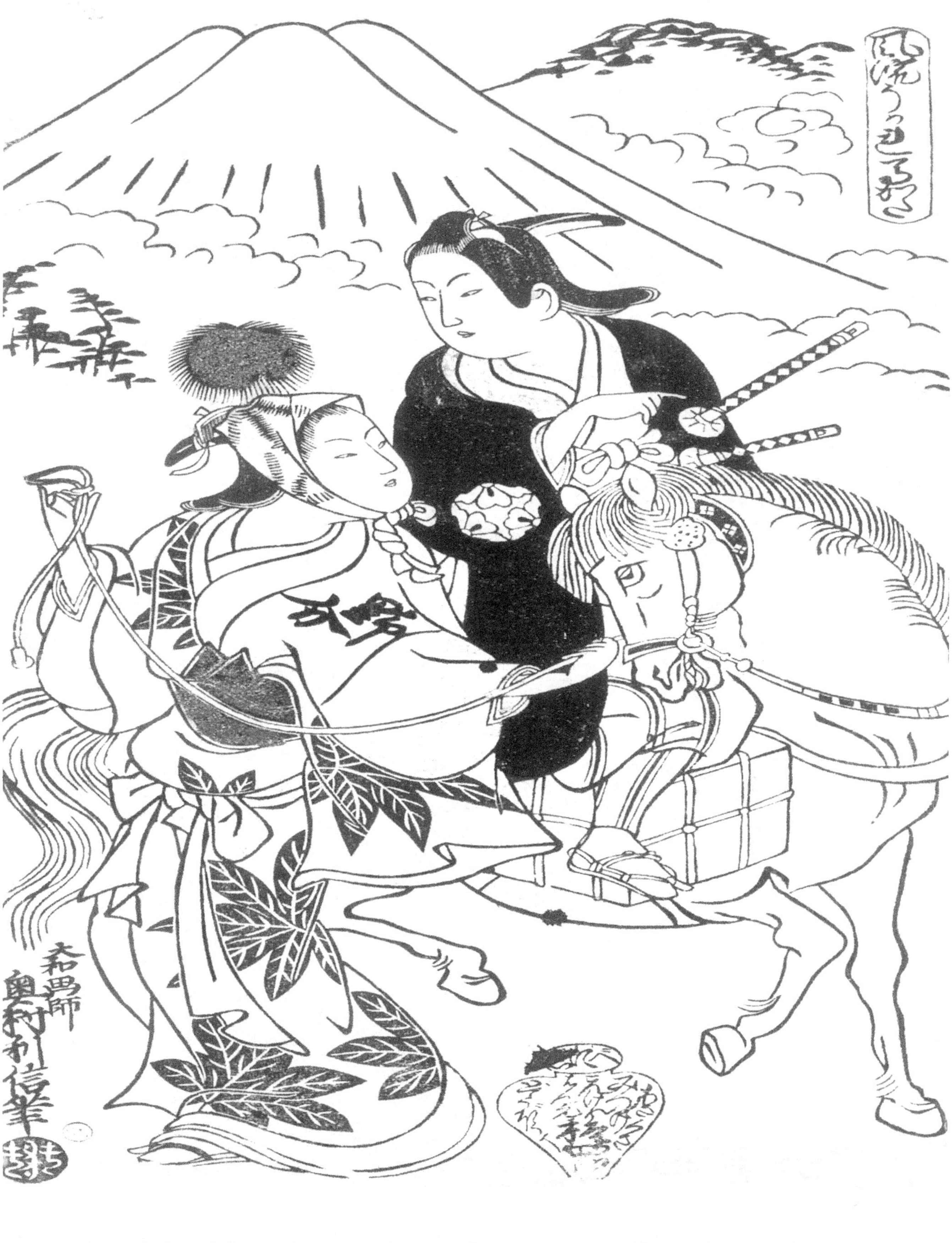
風流うつし
大和画師
奥村政信筆

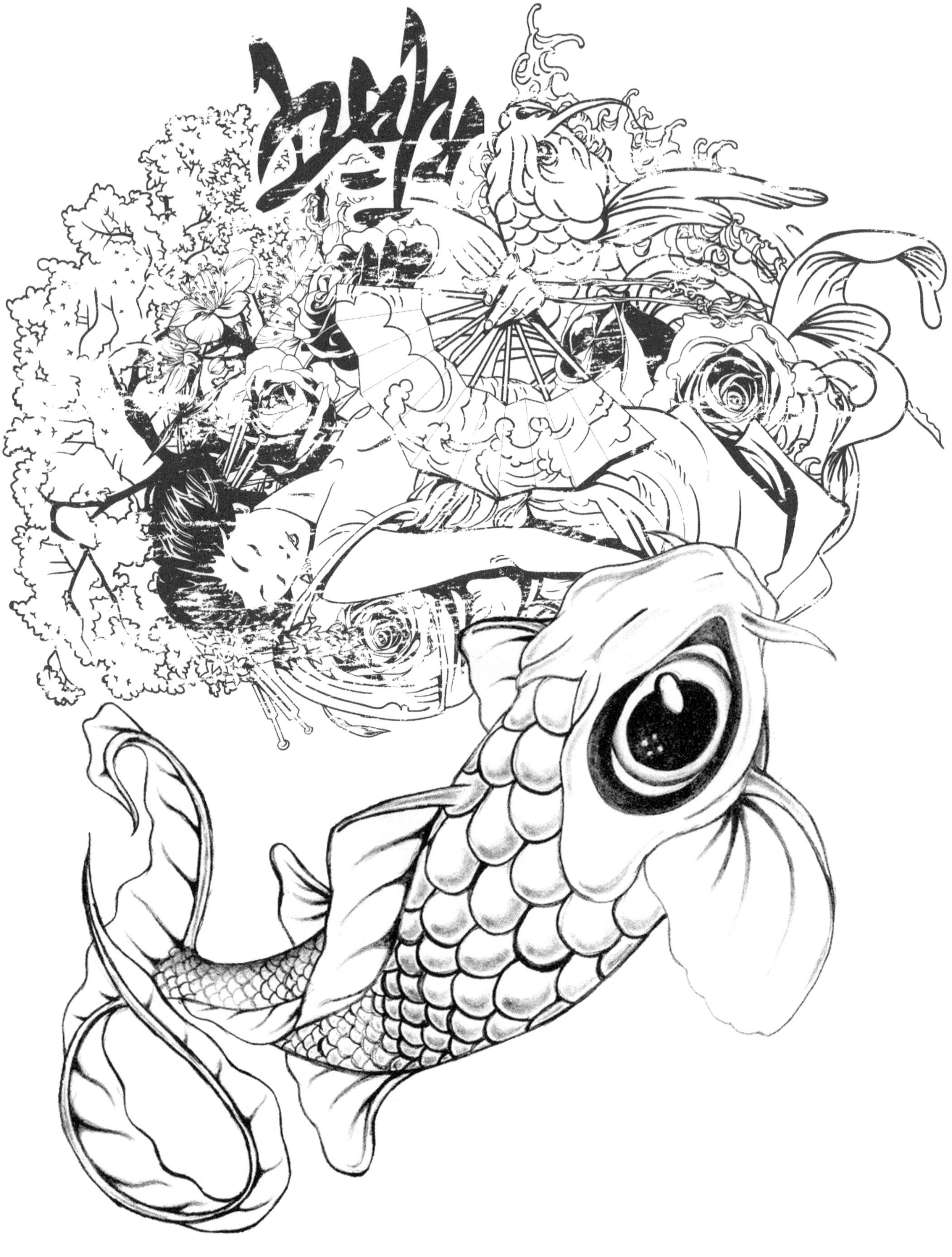

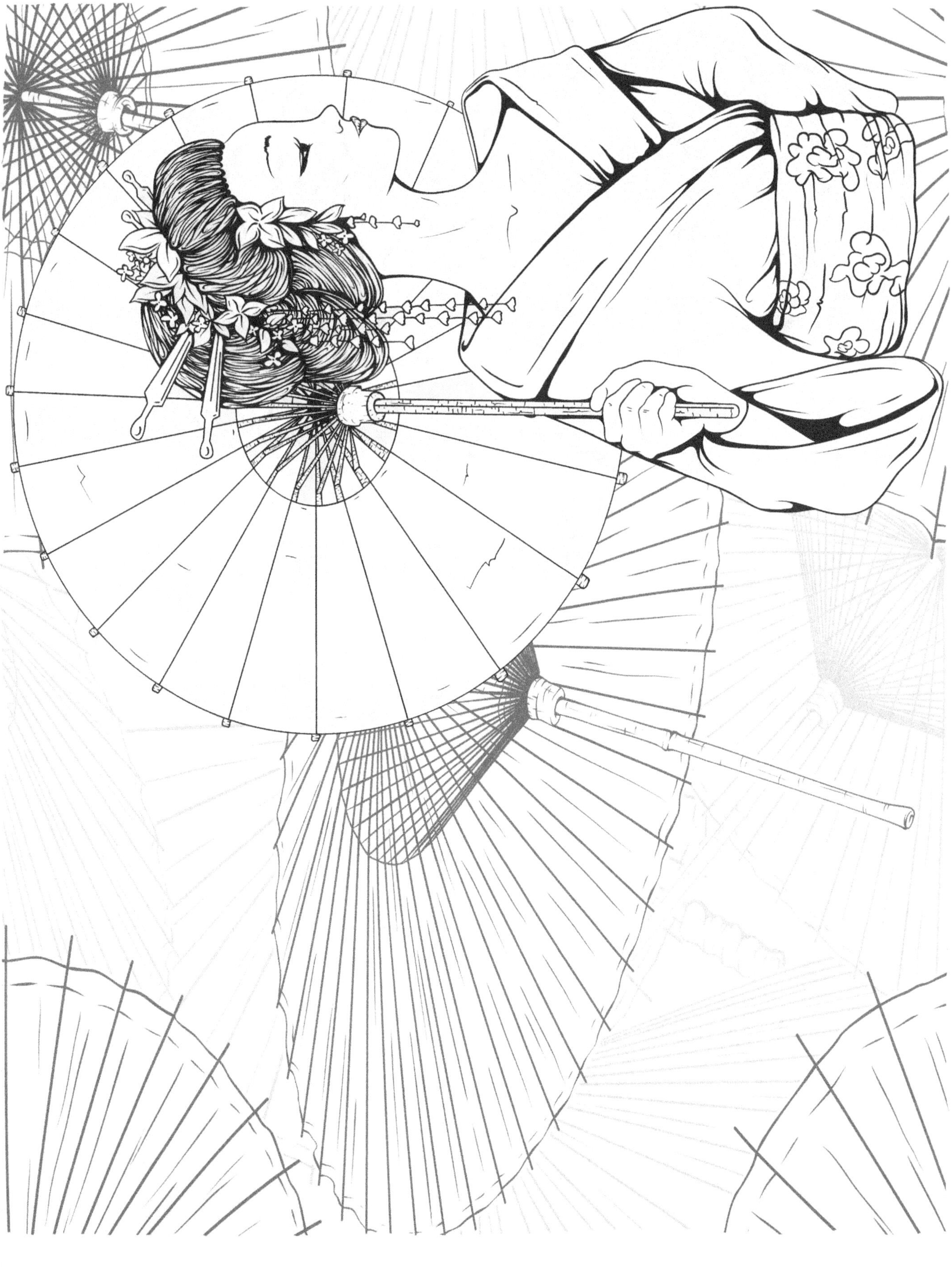

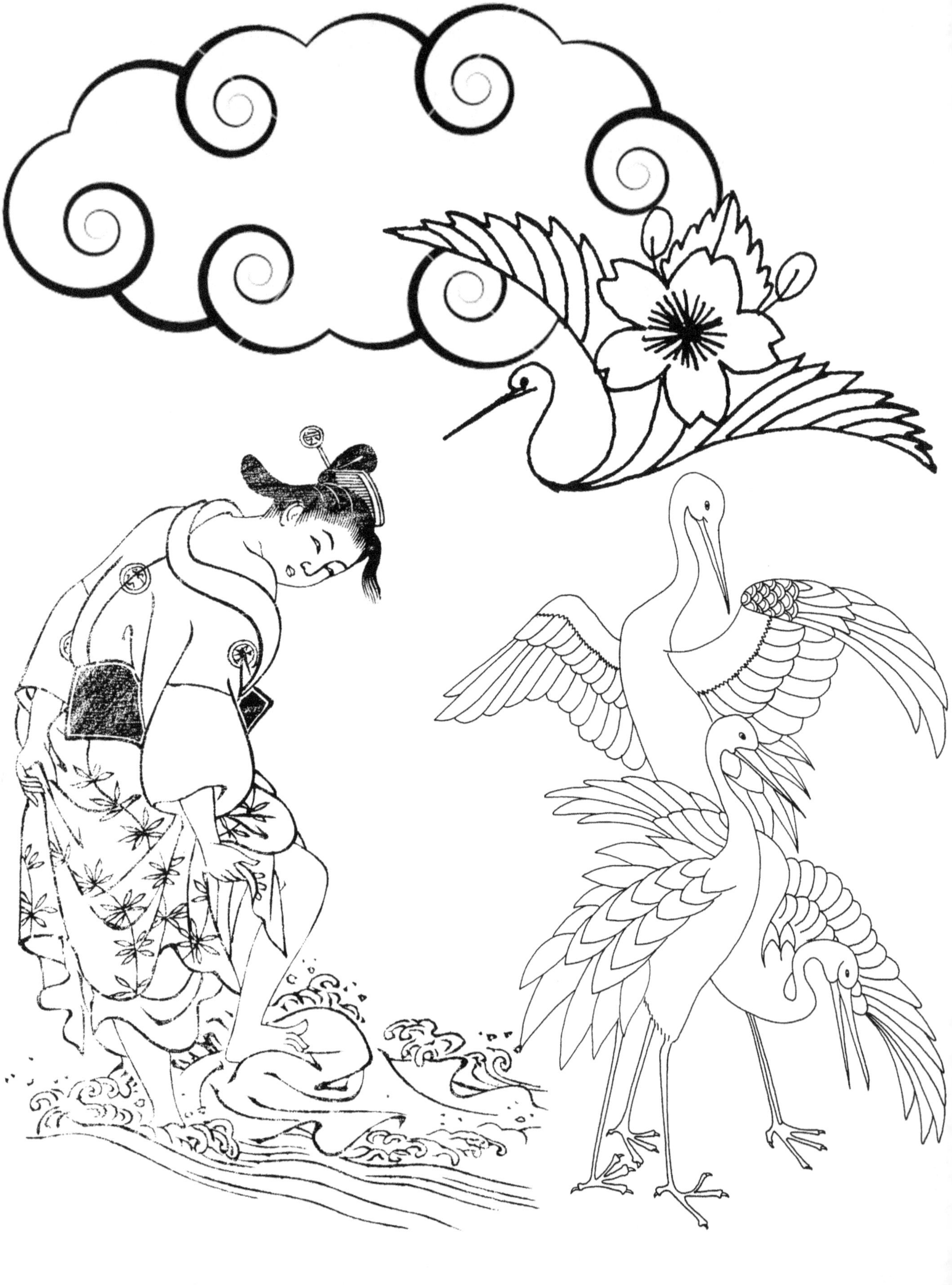

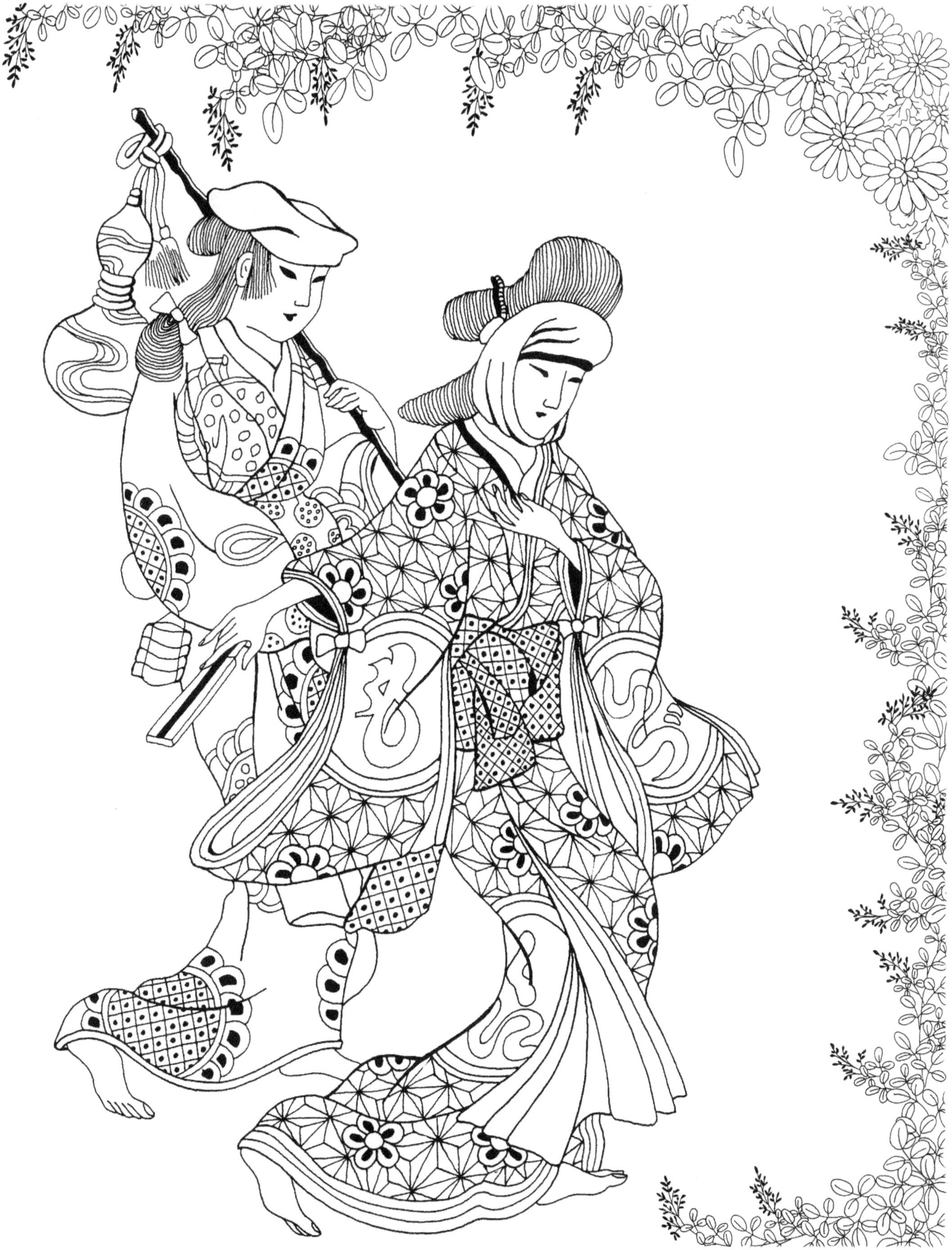

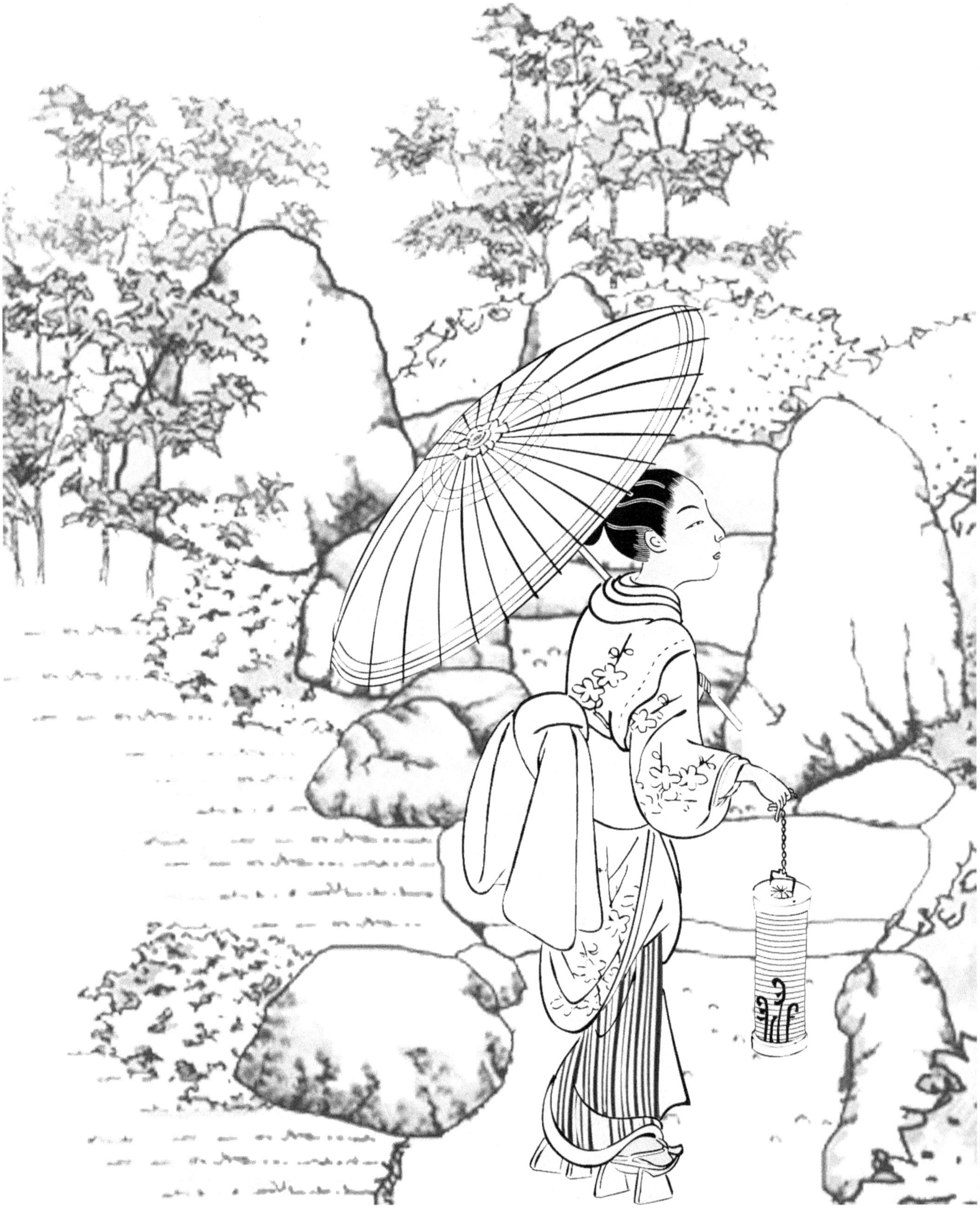

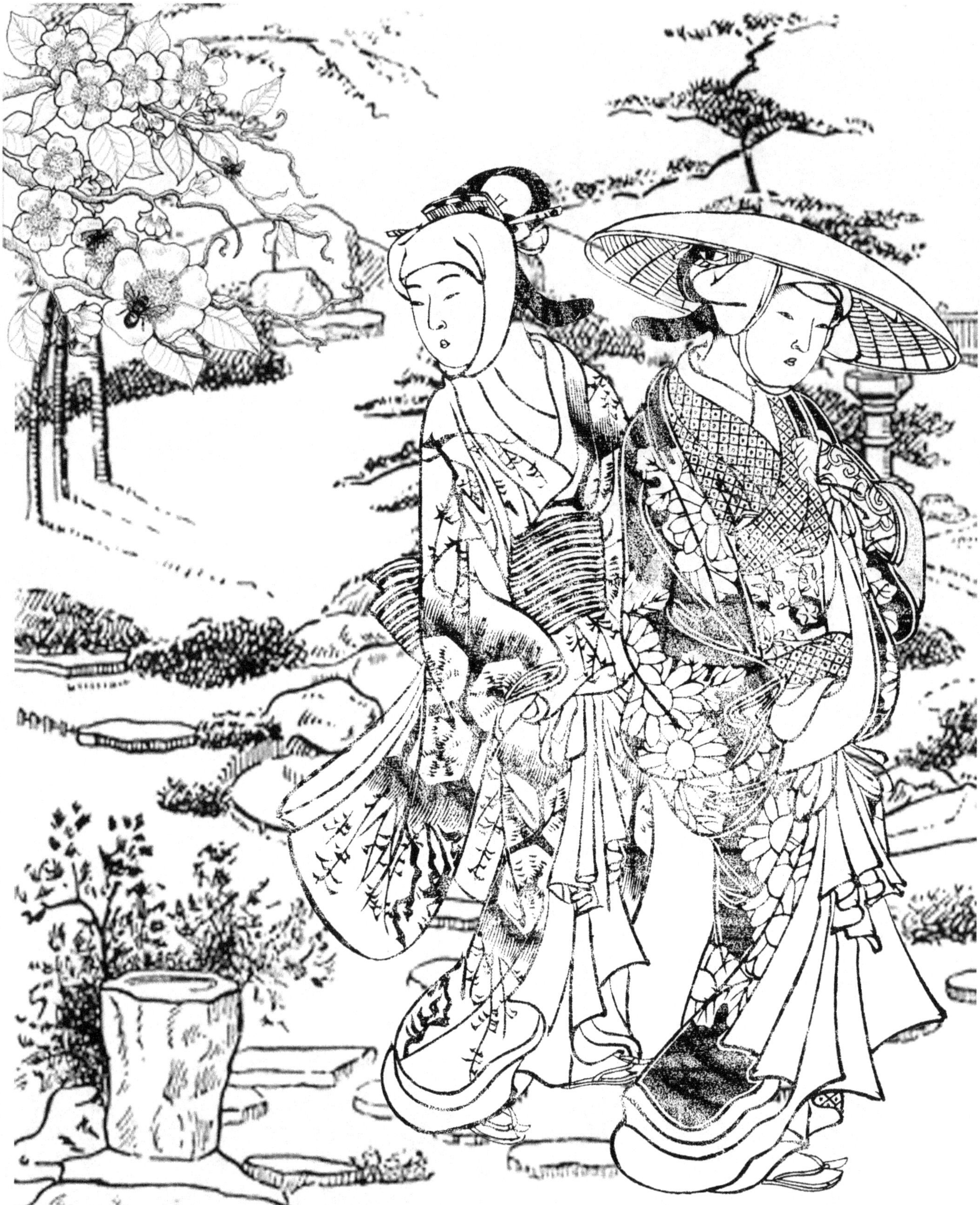

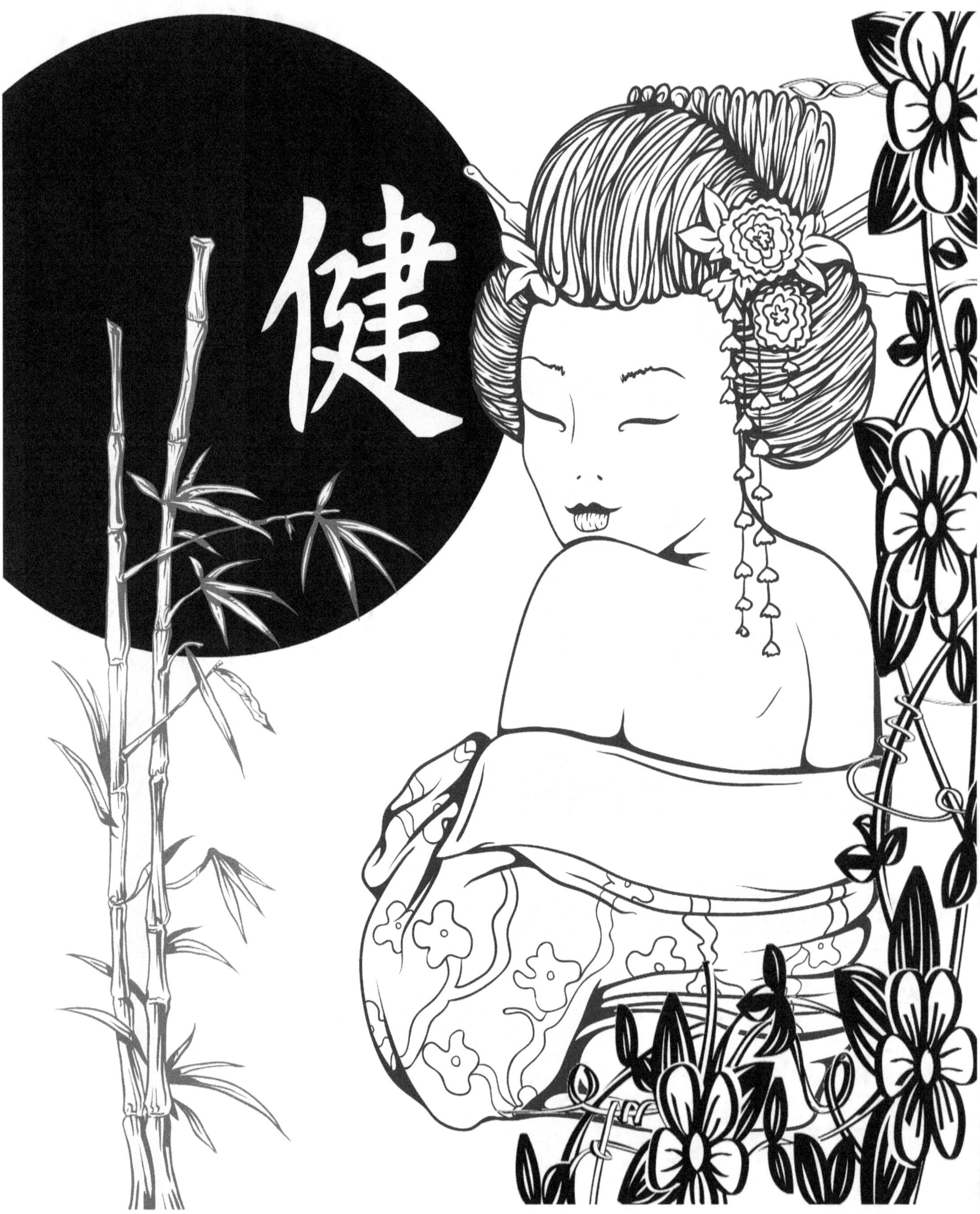
健

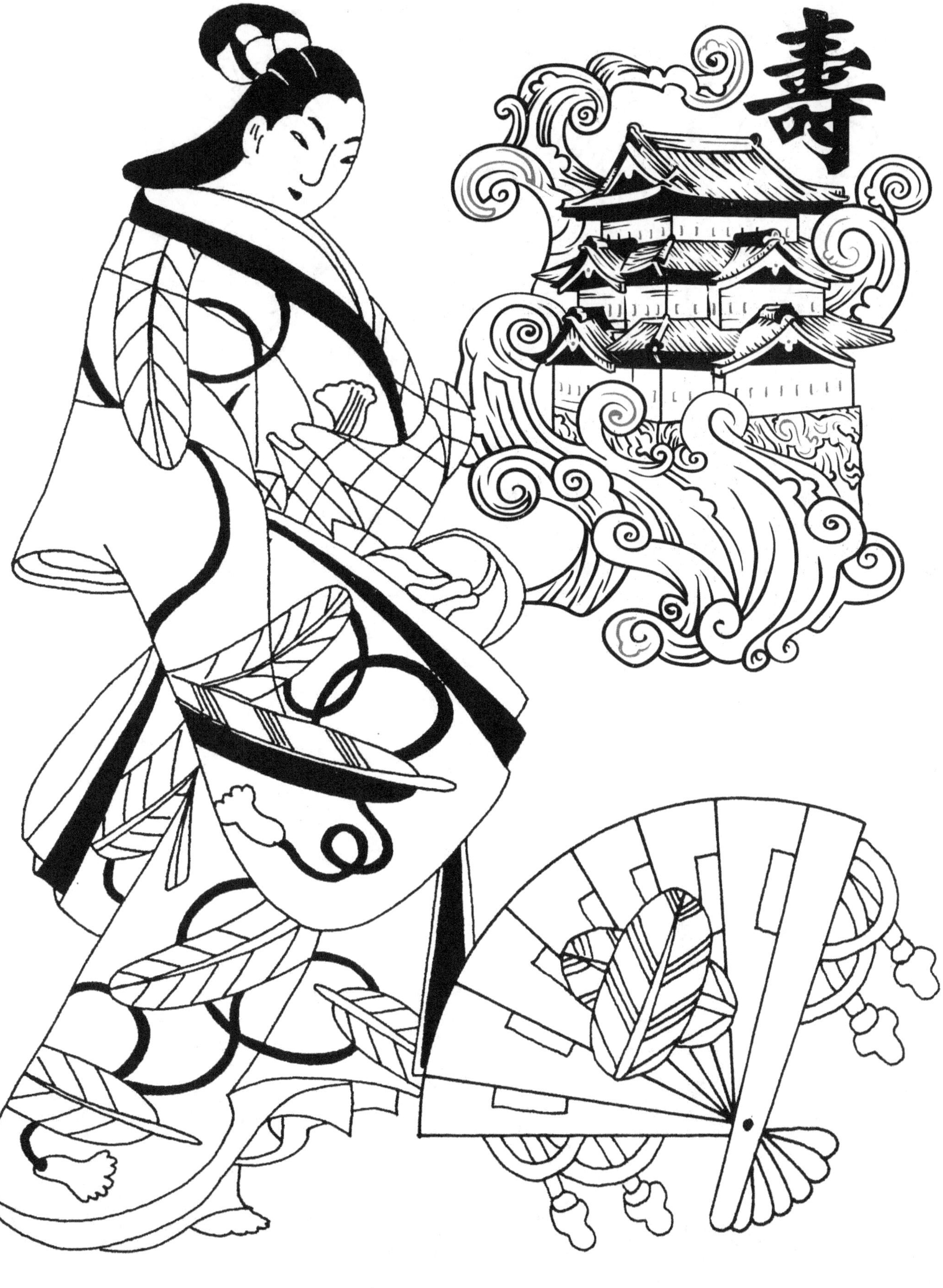
壽

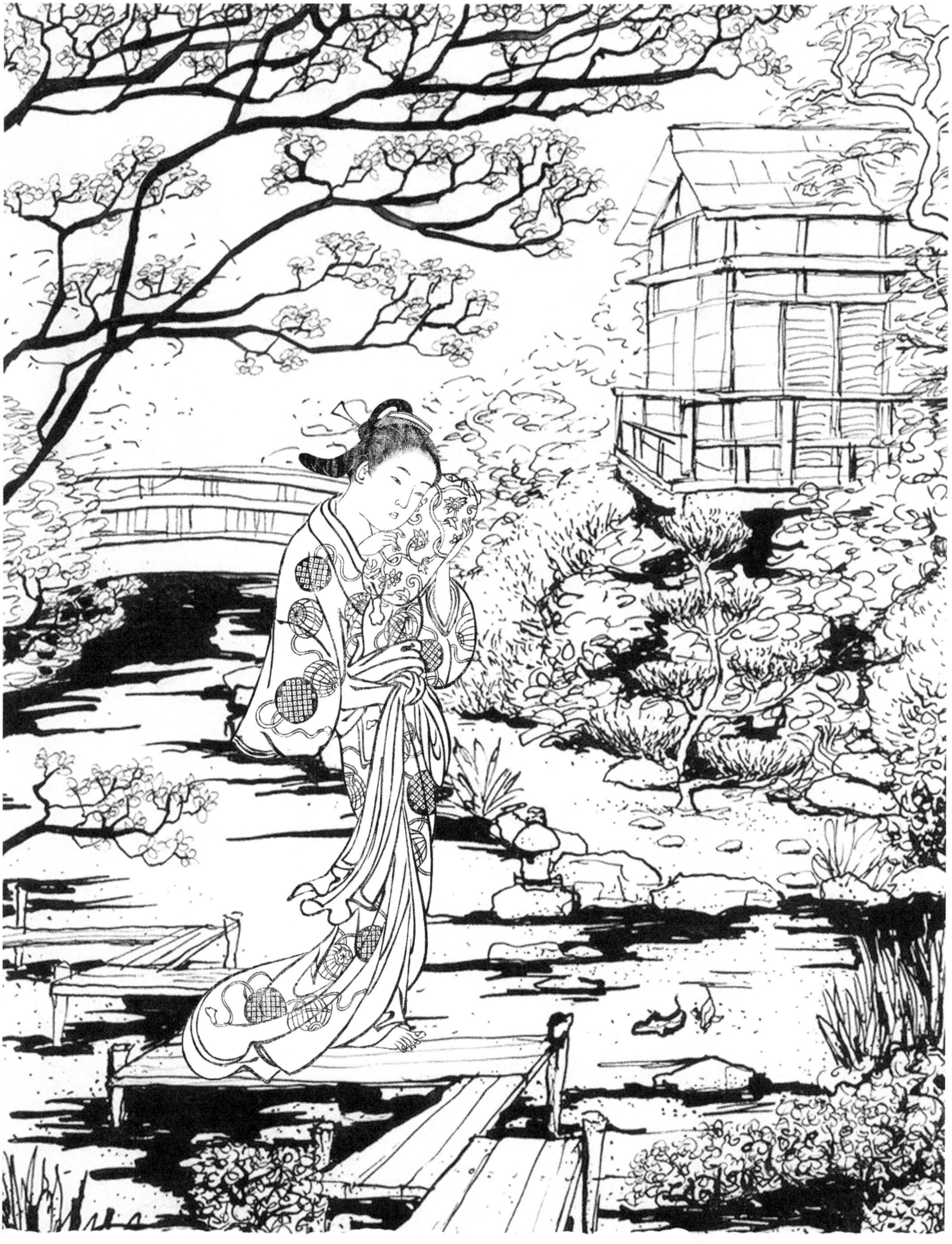

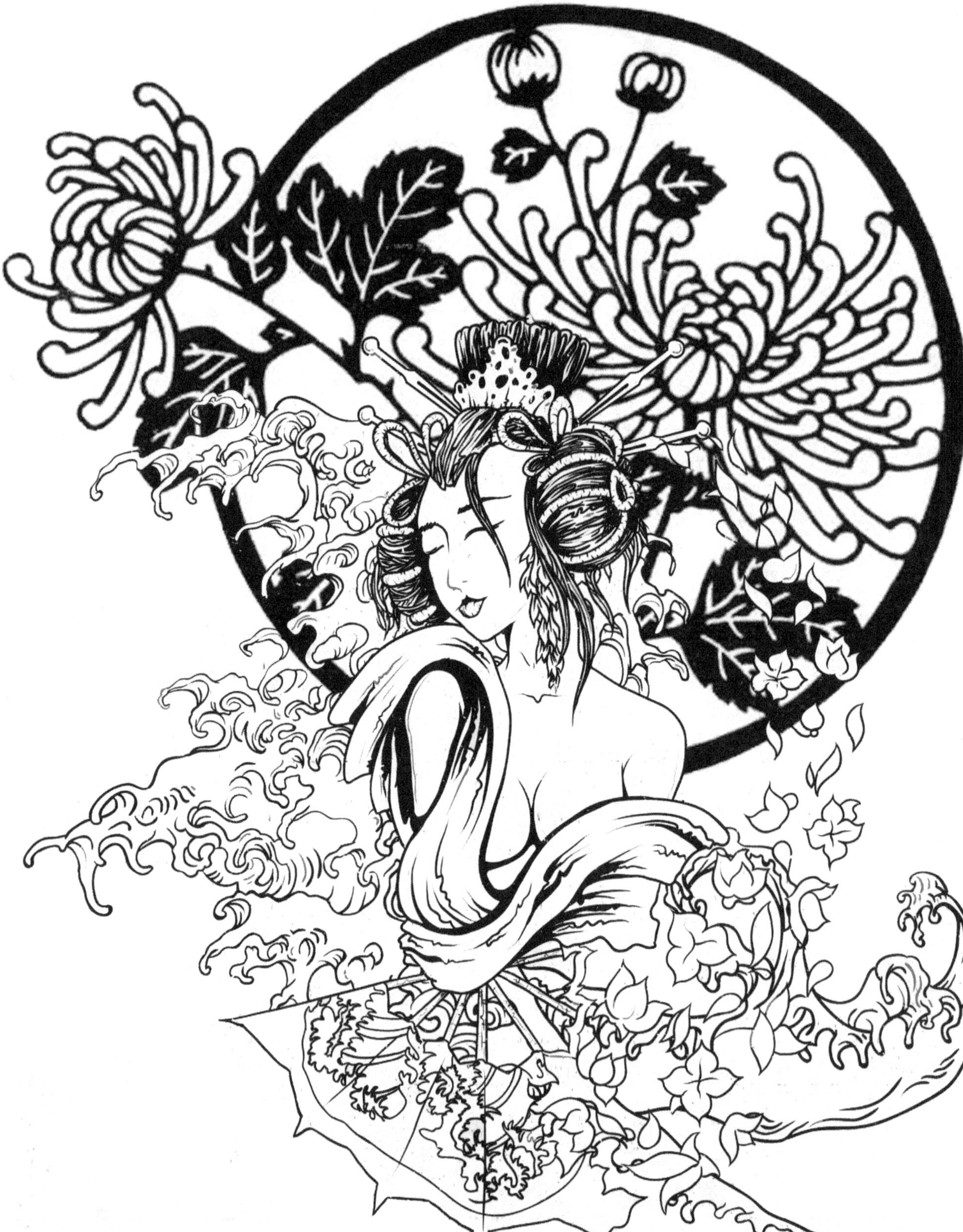

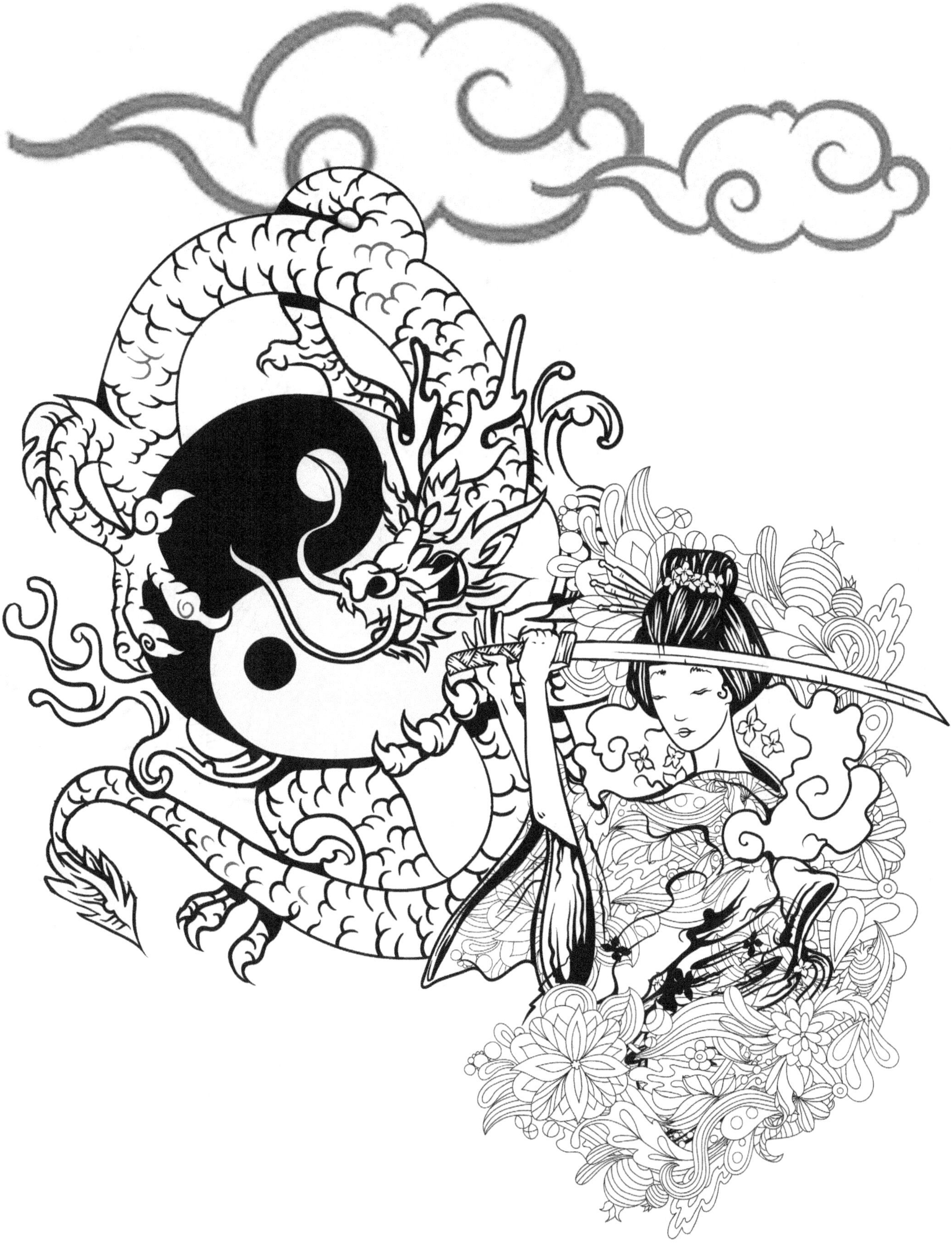

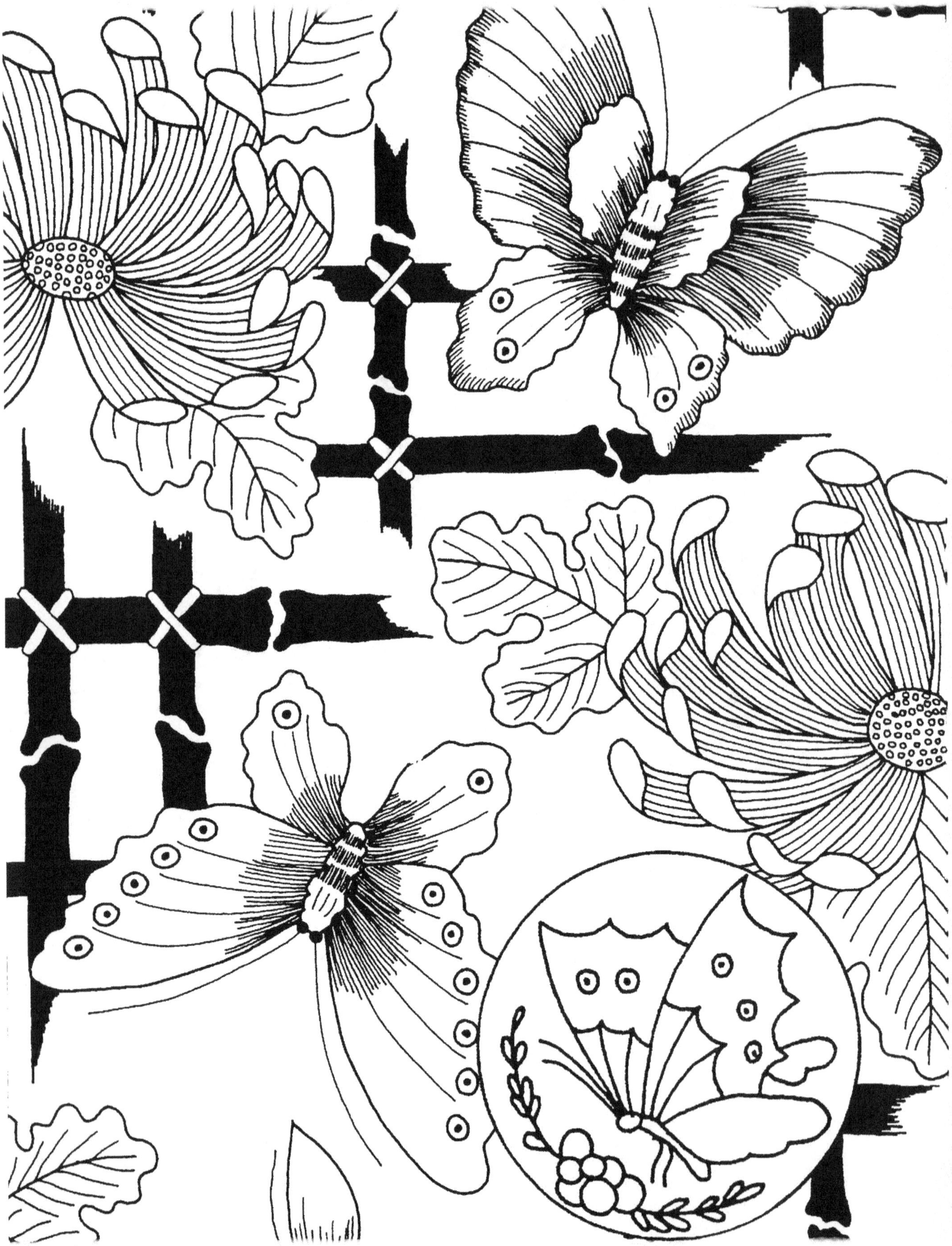

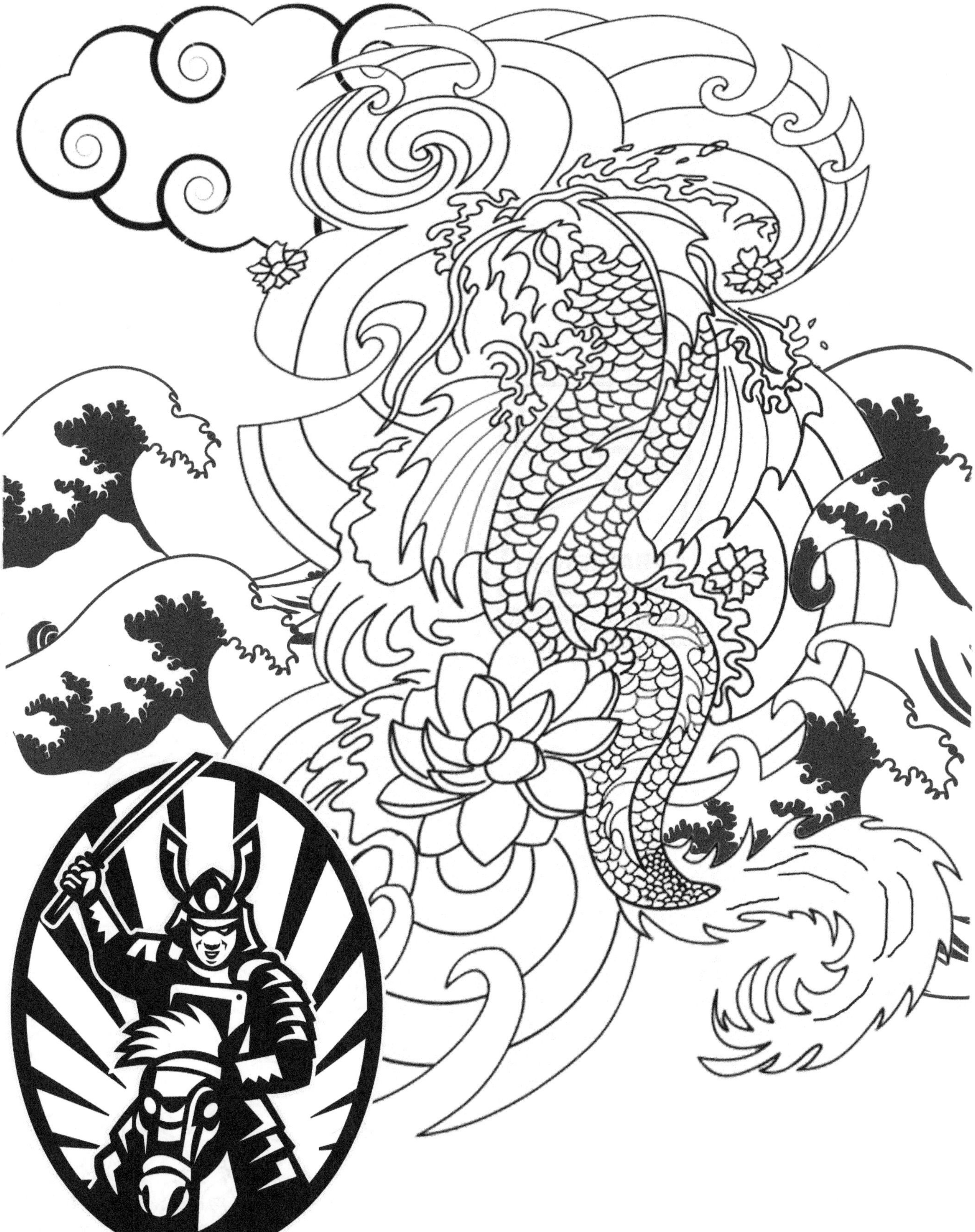

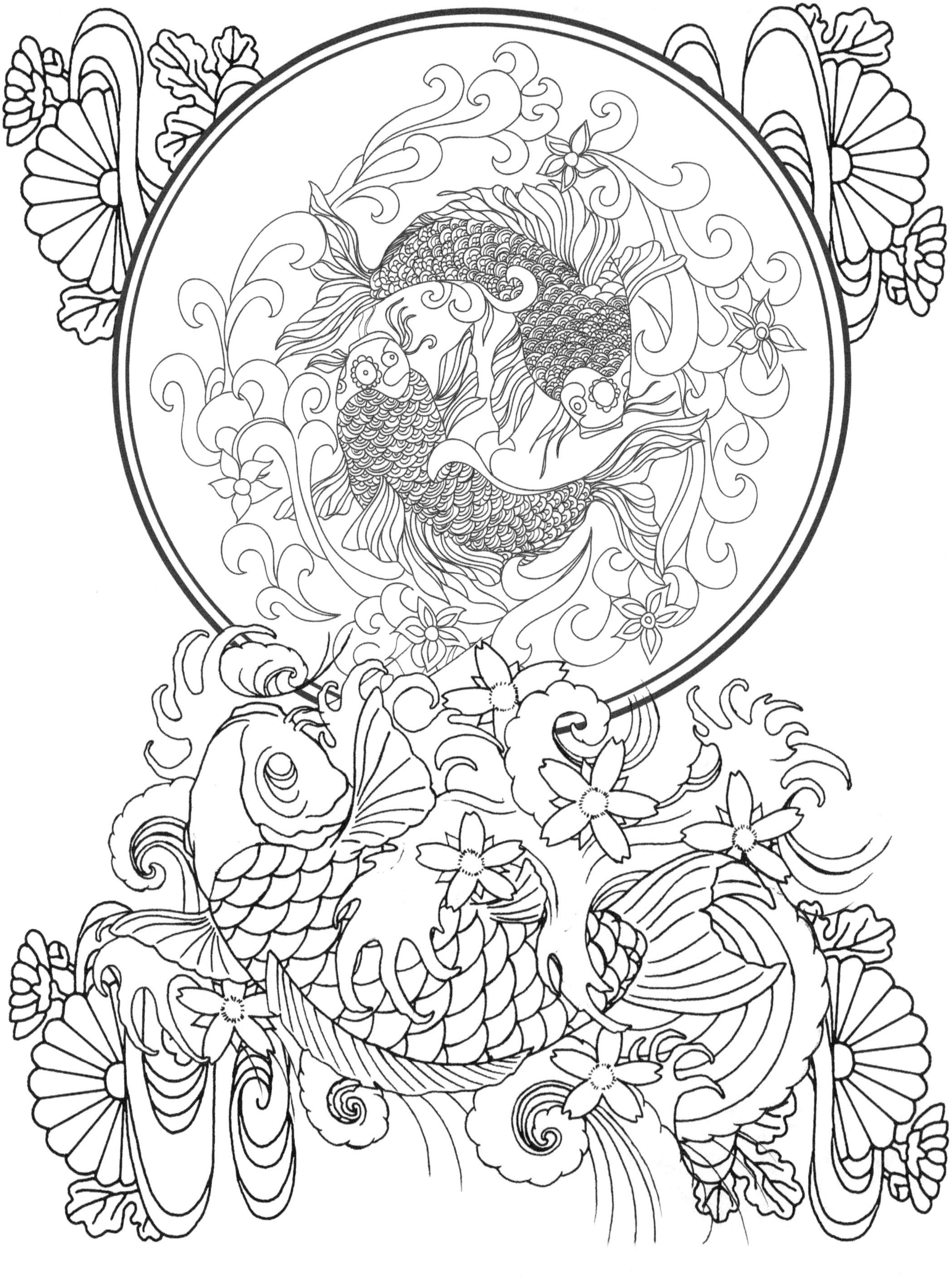

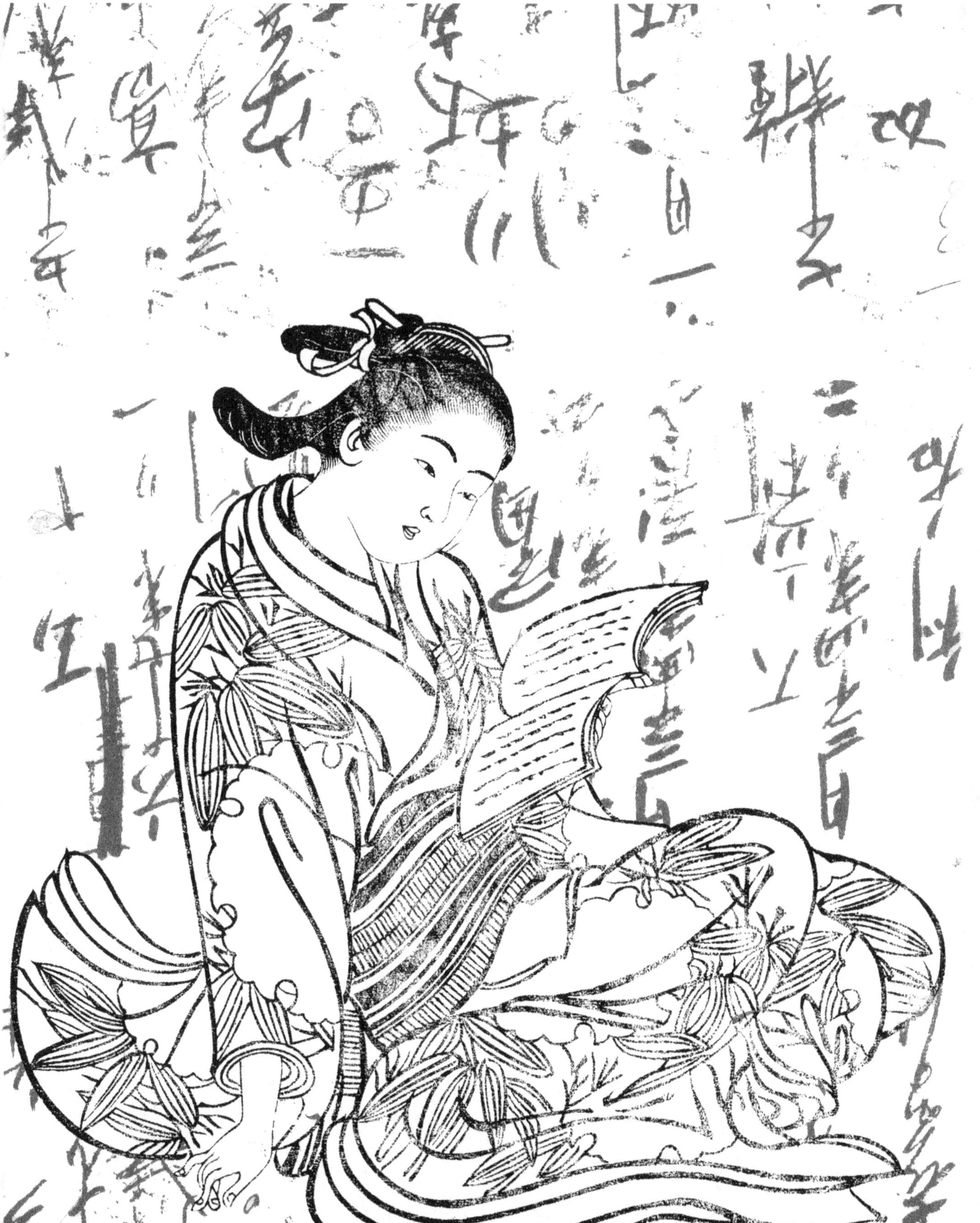

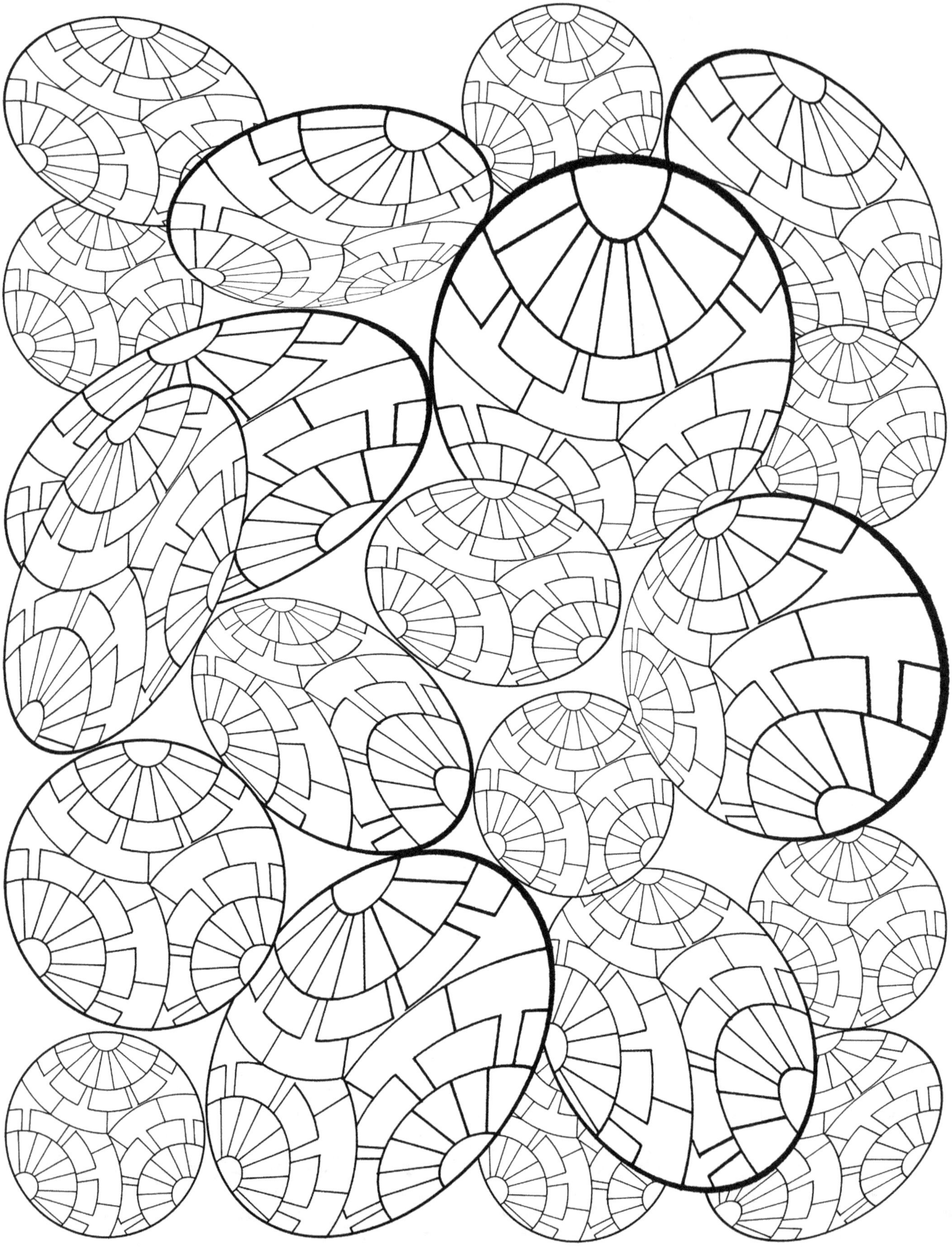

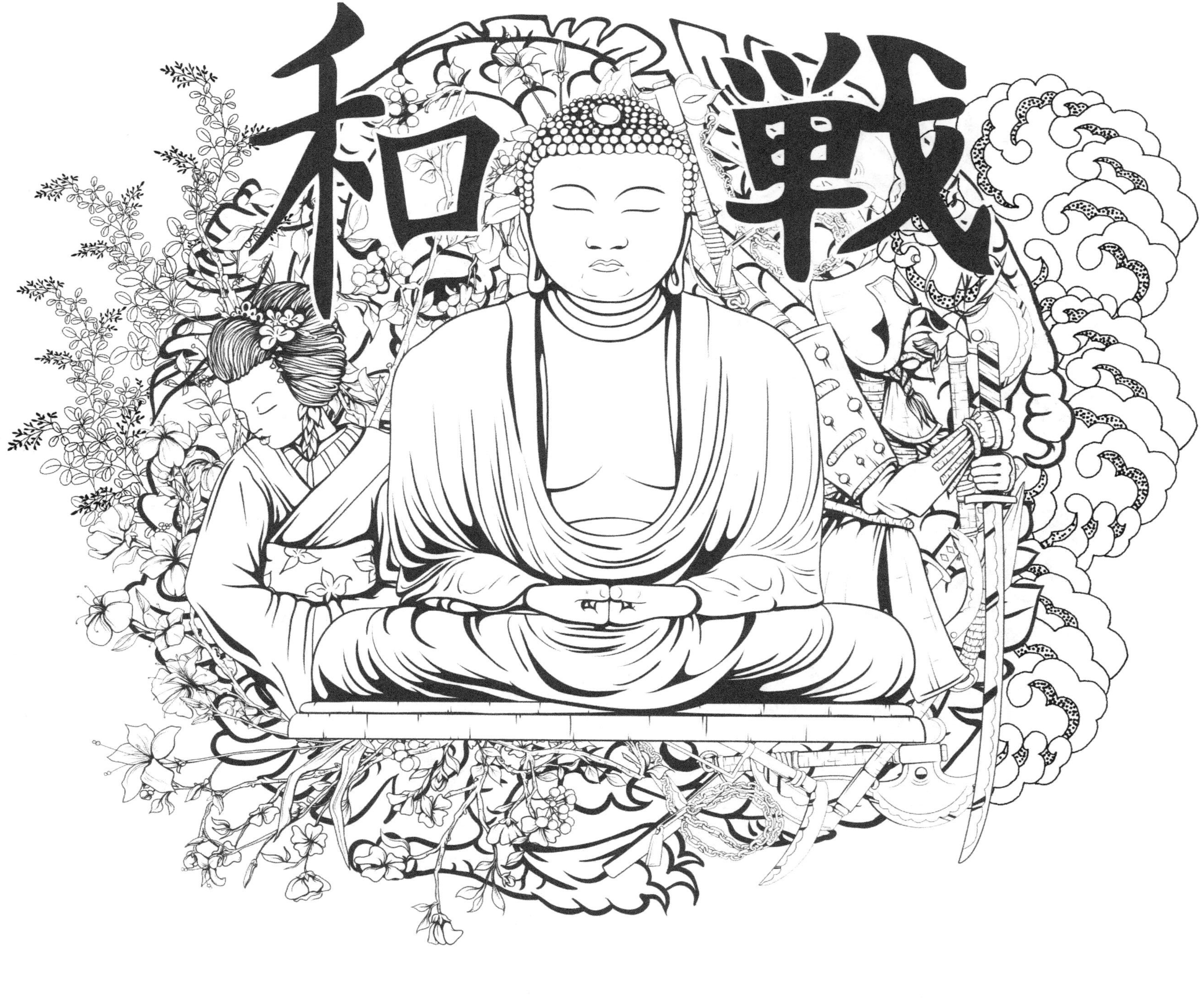
和
戰

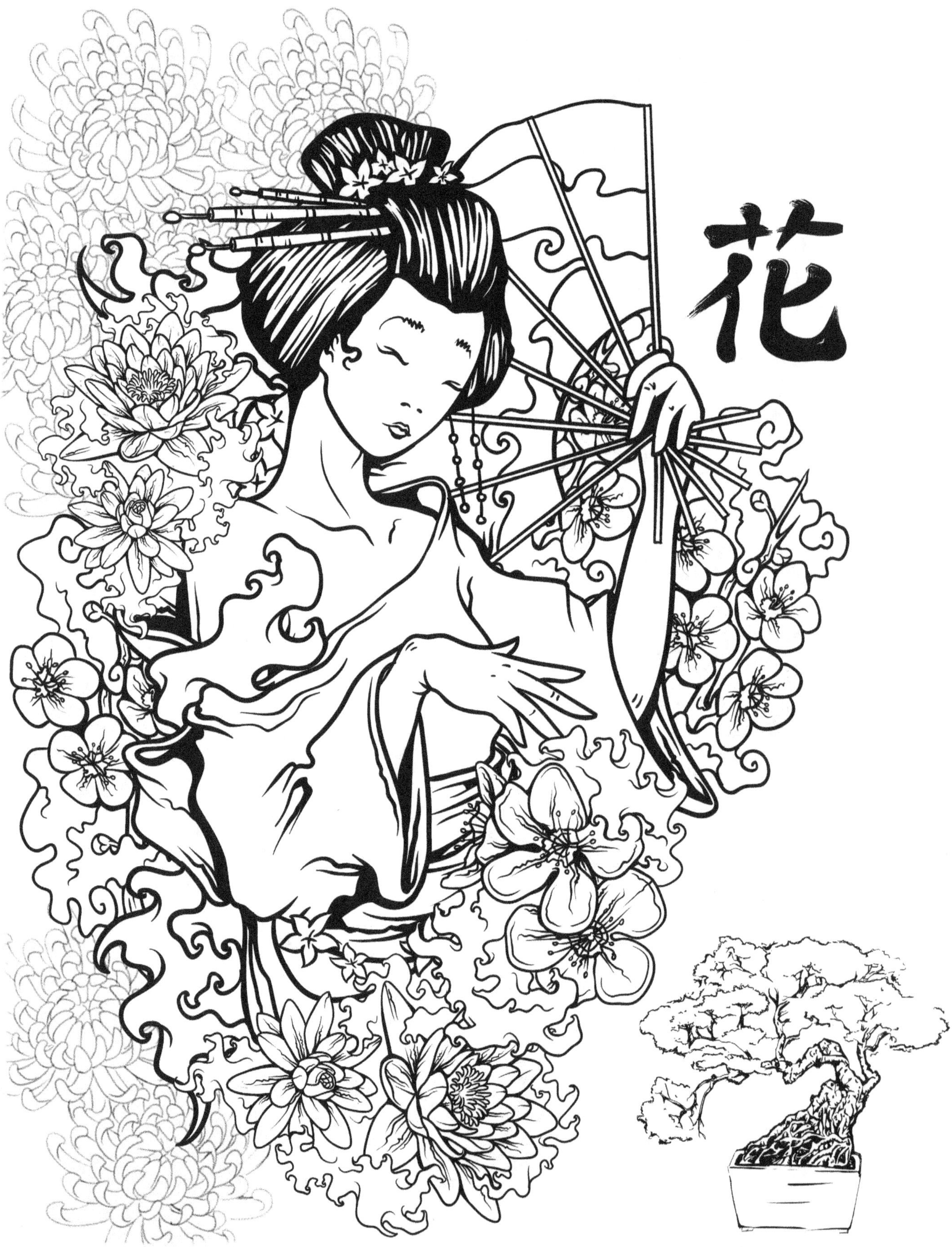
花

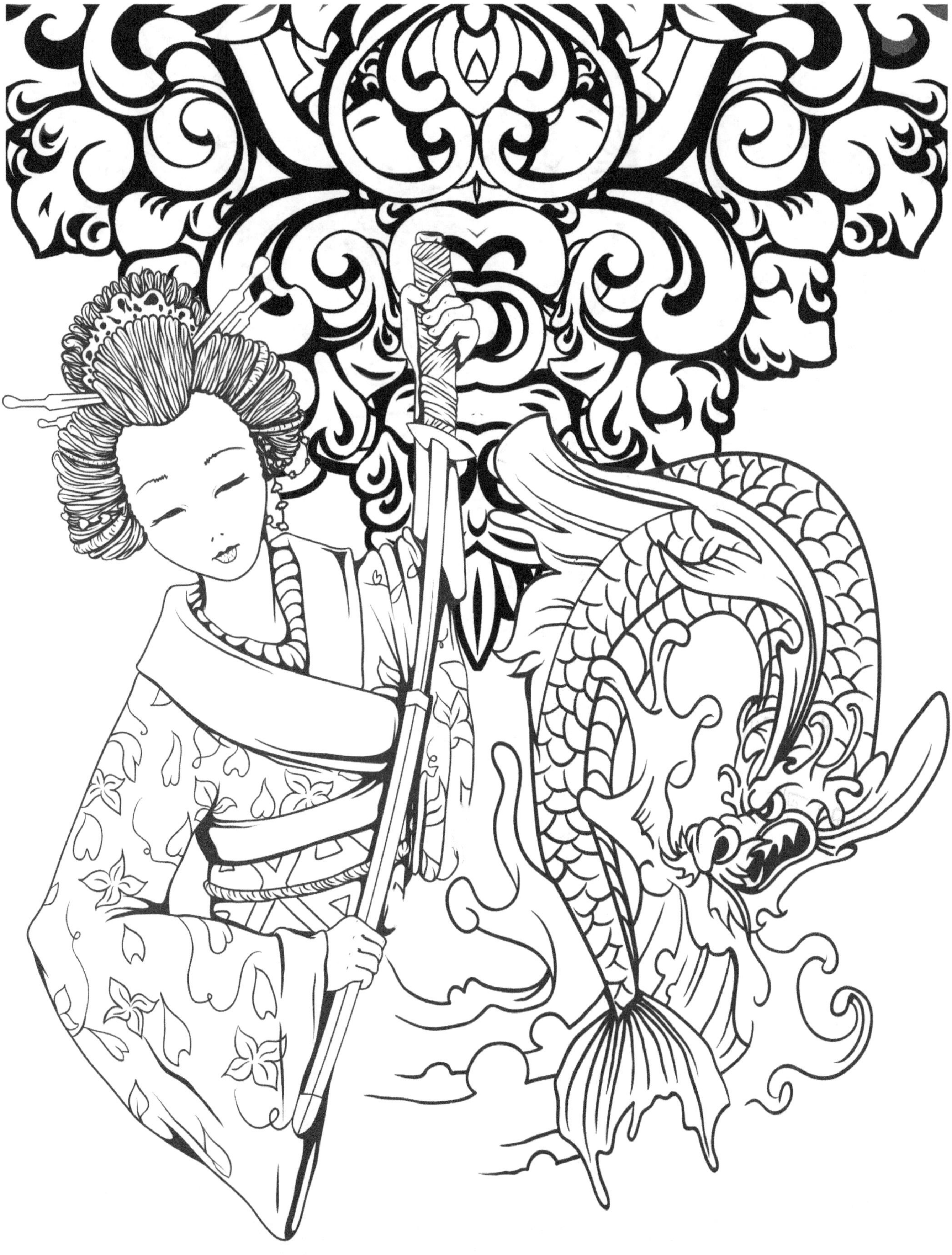

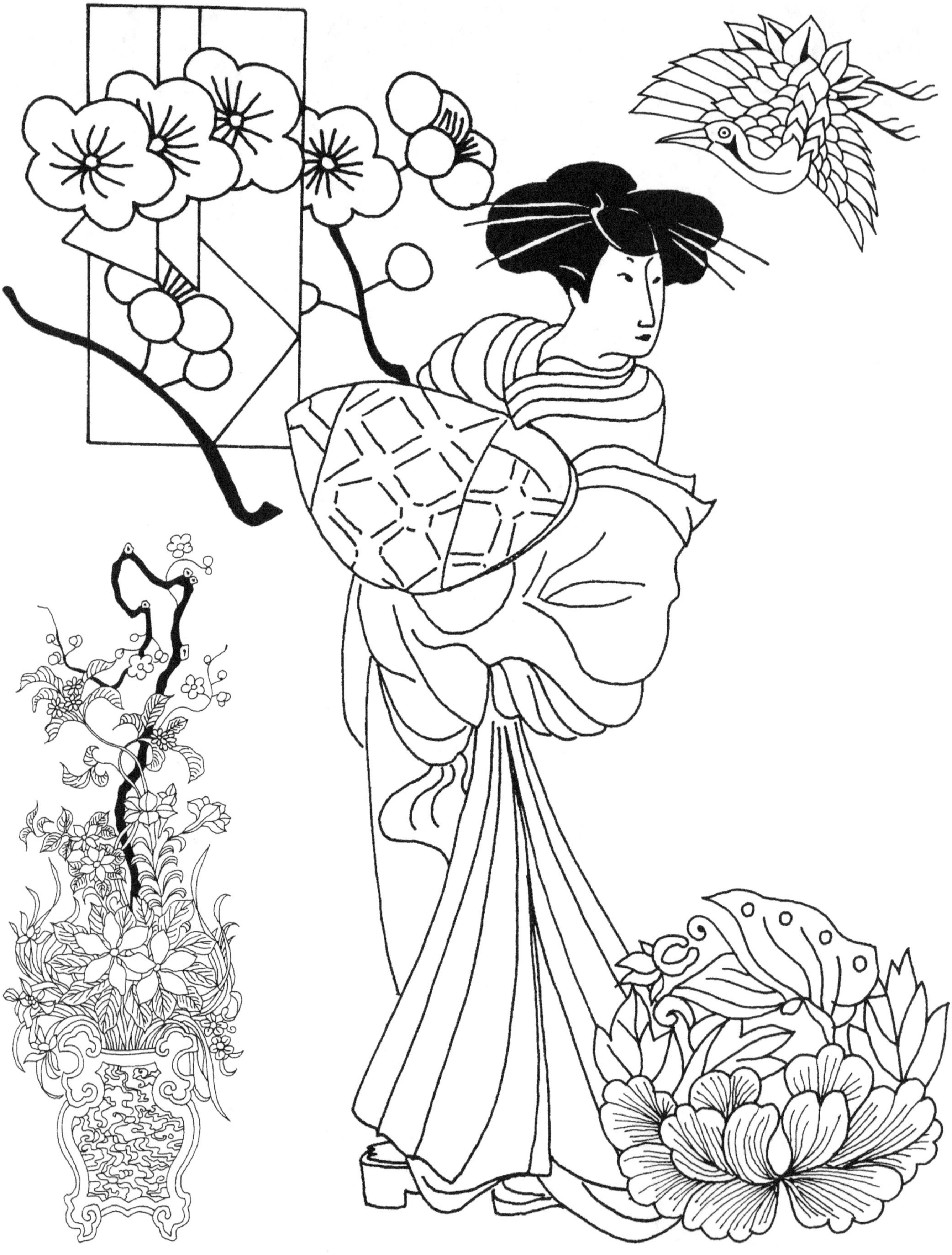

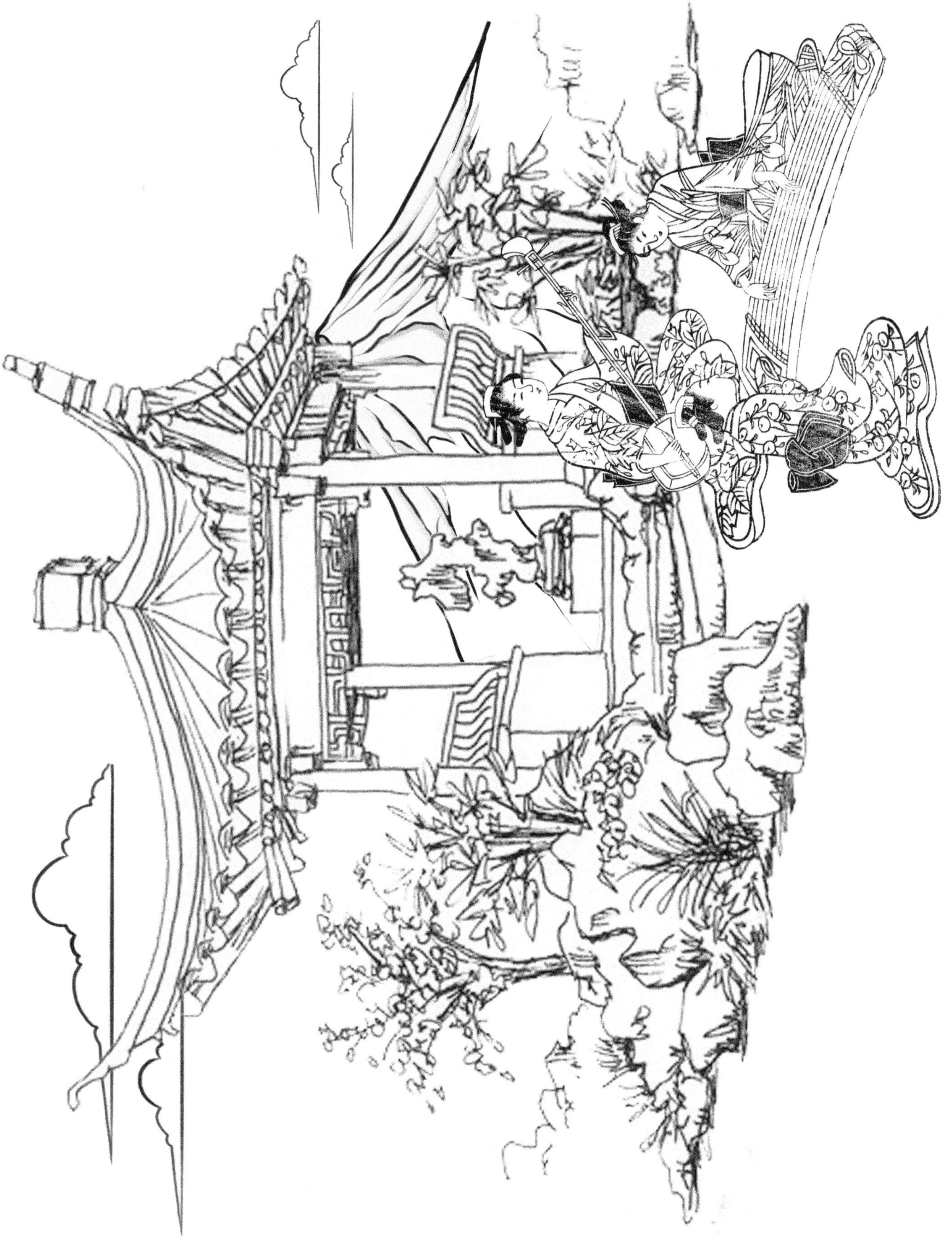

www.ingramcontent.com/pod-product-compliance
Lightning Source LLC
Chambersburg PA
CBHW080645190526
45169CB00009B/3508
9781533425102